PIANO • VOCAL • GUITAR

IL DIVO

Artwork used by permission.

ISBN 1-4234-0256-1

HAL•LEONARD®
CORPORATION
7777 W. BLUEMOUND RD. P.O. BOX 13819 MILWAUKEE, WI 53213

Visit Hal Leonard Online at
www.halleonard.com

UNBREAK MY HEART
(Regresa A Mi)

Words and Music by DIANE WARREN
Spanish translation by MARCO FLORES

Expressively

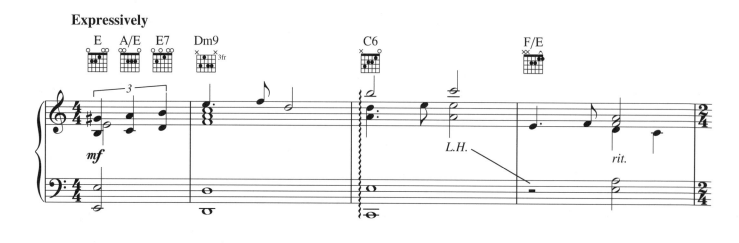

With a slow beat

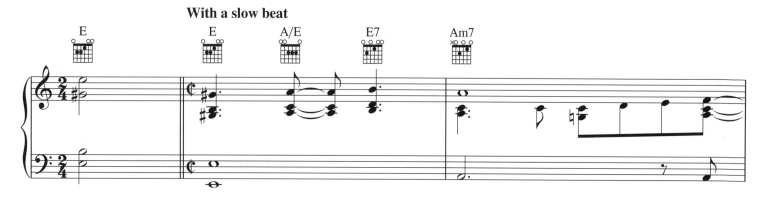

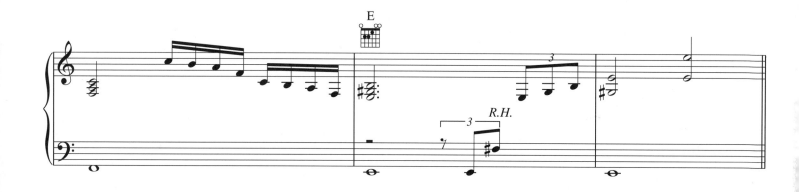

Guitar solo

Solo ends   No   me a - ban - don -

MAMA

Words and Music by ANDREAS ROMDHANE,
SAVAN KOTECHA and JOSEF LAROSSI

Ma - ma, thank you for who I am.

Thank you for all the things I'm not.

For - give me for the words un - said and for the times I for -

NELLA FANTASIA

Music by ENNIO MORRICONE
Italian Lyrics by CHIARA FERRAU

PASSERÀ

Words and Music by ALEANDRO BALDI,
G.C. BIGAZZI and M. FALAGIANI

34

EVERY TIME I LOOK AT YOU

Words and Music by JOHN REID
and ANDREW HILL

Moderately slow

TI AMERÒ

Words and Music by MATTEO SAGGESE,
DAVID KREUGER, PER MAGNUSSON
and FRANK MUSKER
Italian lyric adaptation by MINO VERGNAGHI

Cm Abmaj7 Fm9 Cm/G Eb/G Bb
il ma-re e le cit-tà. E tu mi man-che-
Ab Bb Gsus G
rai più an-co-ra, quan-to non lo sai. Con-ti-nue-
Cm Fm Bb Eb/G Ab Fm7
rò a cre-de-re che. Sia-mo un'-a-ni-ma, i-o e te.
Bb Cm Fm Bb Eb/G
E ti a-me-rò co-mun-que, lo so. An-che
mf

Mi man - chi più che mai sta - se - ra   quan - to non lo

47

DENTRO UN ALTRO SI

Words and Music by DON BLACK,
ANDREW HILL and ALFREDO RAPETTI

THE MAN YOU LOVE

Words and Music by STEVE MAC,
BLAIR DALEY and TROY VERGES

love you for all my __ life. _____ I don't wan-na change the world. __

As long as you're __ my girl, __ it's more than e-nough _____

To Coda

__ just to be the man __ you love.

decresc. (1st time only)

mp

Quie-ro

FEELINGS

Words and Music by JORGEN ELOFSSON
and ALFREDO RAPETTI

Recorded a half step lower.

66

HOY QUE YA NO ESTAS AQUI

Words and Music by RUDY PEREZ,
JORGEN ELOFSSON and TONY VINCENT
Spanish adaptation by RUDY PEREZ

Expressively

mp

With pedal

No di - je que___ te a - ma - ba.
Di - jis - te que___ lo a - ma - bas.

Ja - mas su - pis - te, la ver - dad.___
Que ro - bo___ tu cor - a - zón.___

Lo mu - cho que___ me a - mas -
Cre - í - a que___ lo nues -

* Recorded a half step higher.

74

SEI PARTE ORMAI DI ME

Words and Music by ANDREAS "QUIZ" ROMDHANE,
JOSEF LAROSSI, BRIAN McFADDEN, SHANE FILAN,
MATTEO SAGGESE and MINO VERGNAGHI

Recorded a half step lower.

Si tu sei par - te or - mai__ di __ me. __

Nien - te può cam - bia - re quel - lo che __

la mia vi - ta si tu sei par - te or-mai di __ me. _____

Si tu sei par - te or mai __ di __ me. _

MY WAY
(A Mi Manera)

English Words by PAUL ANKA
Original French Words by GILLES THIBAULT
Music by JACQUES REVAUX and CLAUDE FRANCOIS

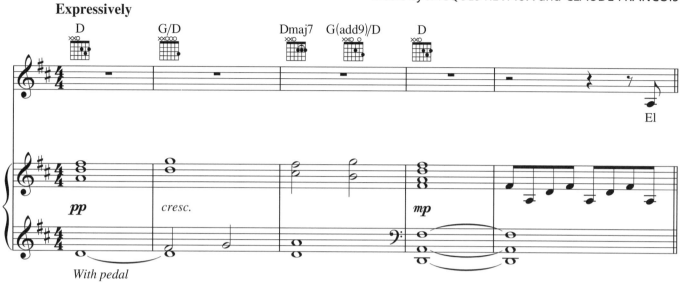

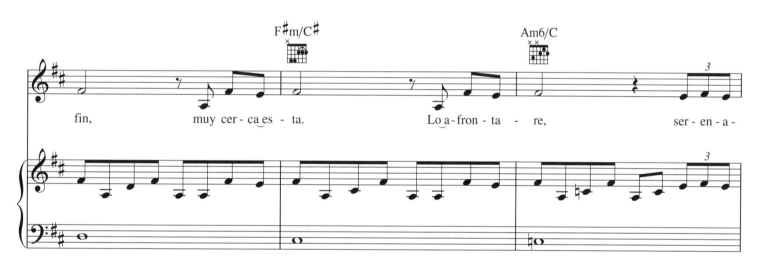

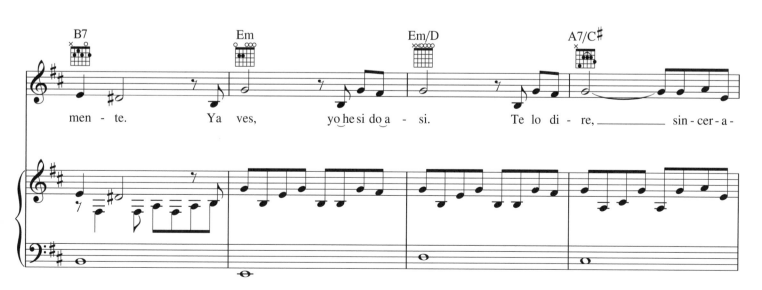

UNCHAINED MELODY
(Senza Catene)

Lyric by HY ZARET
Music by ALEX NORTH